EL MÁXIMO SECRETO DE LA NATURALEZA

# ¿DE DÓNDE VIENE LA LLUVIA?

**MARIE ROGERS**

TRADUCIDO POR ESTHER SARFATTI

**PowerKiDS**
press™

New York

Published in 2021 by The Rosen Publishing Group, Inc.
29 East 21st Street, New York, NY 10010

First Edition

Translator: Esther Sarfatti
Editor, Spanish: Rossana Zúñiga
Editor: Amanda Vink
Book Design: Rachel Rising

Portions of this work were originally authored by Abby Wilson and published as *What Makes Rain?* All new material in this edition authored by Marie Rogers.

Photo Credits: Cover, p.1 peresanz/Shutterstock.com; pp.4,6,8,10,12,14,16,18,20,22 (background) cluckva/Shutterstock.com; p. 5 A3pfamily/Shutterstock.com; p. 7 MNStudio/Shutterstock.com; p. 9 Koldunov Alexey/Shutterstock.com; p. 11 VRstudio/Shutterstock.com; p.13 KC Lens and Footage/Shutterstock.com; p. 15 patpitchaya/Shutterstock.com; p.17 Martchan/Shutterstock.com; p. 19 Batshevs/Shutterstock.com; p. 21 Jon Manjeot/Shutterstock.com (desert); p.21 Taras Vyshnya/Shutterstock.com (rain forest); p. 22 Mikalai Nick Zastsenski/Shutterstock.com.

Cataloging-in-Publication Data

Names: Rogers, Marie.
Title: ¿De dónde viene la lluvia? / Marie Rogers.
Description: New York : PowerKids Press, 2021. | Series: El máximo secreto de la naturaleza | Includes glossary and index.
Identifiers: ISBN 9781725320727 (pbk.) | ISBN 9781725320741 (library bound) | ISBN 9781725320734 (6 pack)
Subjects: LCSH: Rain and rainfall—Juvenile literature.
Classification: LCC QC924.7 R64 2021 | DDC 551.57'7—dc23

Manufactured in the United States of America

CPSIA Compliance Information: Batch #CSPK20. For Further Information contact Rosen Publishing, New York, New York at 1-800-237-9932.

Find us on

# CONTENIDO

# Días lluviosos

Muchas veces no puedes jugar afuera durante un día lluvioso. Tal vez prefieras que siempre haga sol y calor. ¡Pero la lluvia es algo bueno! La lluvia nos da agua, que es lo más importante en la Tierra. ¡El agua es necesaria para la vida!

## Los usos del agua

El agua se usa para muchas cosas en la Tierra. La lluvia nos da agua para beber y ayuda a nuestras plantas a crecer. Crea lagos y ríos, también mantiene los océanos llenos. Además, cuando hace calor, ¡el agua nos ayuda a refrescarnos!

# El ciclo del agua

¿Alguna vez has oído hablar sobre el **ciclo** del agua? El ciclo del agua nos muestra las diferentes formas que toma el agua. Esta ha existido desde que la Tierra era joven. Una de las **etapas** del ciclo del agua es la lluvia.

## Agua caliente

El agua de la lluvia viene de nuestros lagos, mares y ríos. Cuando brilla el sol, el agua se calienta.

El agua se **evapora** y toma la forma de **vapor**. El vapor no se ve, pero sube por el aire para formar nubes.

# Vapor de agua

El aire se enfría cuanto más alto esté. Cuando se enfría lo suficiente, el vapor de agua se convierte en pequeñas gotas de agua. En las nubes se **acumulan** miles de gotas. A medida que más vapor se convierte en gotas de agua, las nubes se hacen más y más grandes.

# Nubes grandes

La **temperatura** del aire también ayuda a crear lluvia. Cuando el aire caliente se junta con el aire frío, el aire caliente empuja al aire frío más arriba, hacia el cielo. El aire frío hace que las nubes sean más grandes. Es así como se juntan más y más gotas de agua.

# ¡Las nubes son frías!

¡Hace mucho frío dentro de las nubes! Incluso, hay trocitos de hielo. El hielo se mezcla con el agua y hace que las gotas sean más grandes y pesadas. Las gotas siguen formándose en las nubes hasta que llega la hora de llover.

# ¡Que llueva, que llueva!

Cuando ya no caben más gotas de agua en las nubes, ¡comienza a llover! La lluvia es una forma de **precipitación**. Algunas veces llueve solo por unos minutos. Otras veces llueve todo el día. ¿Ha llovido cerca de donde vives últimamente?

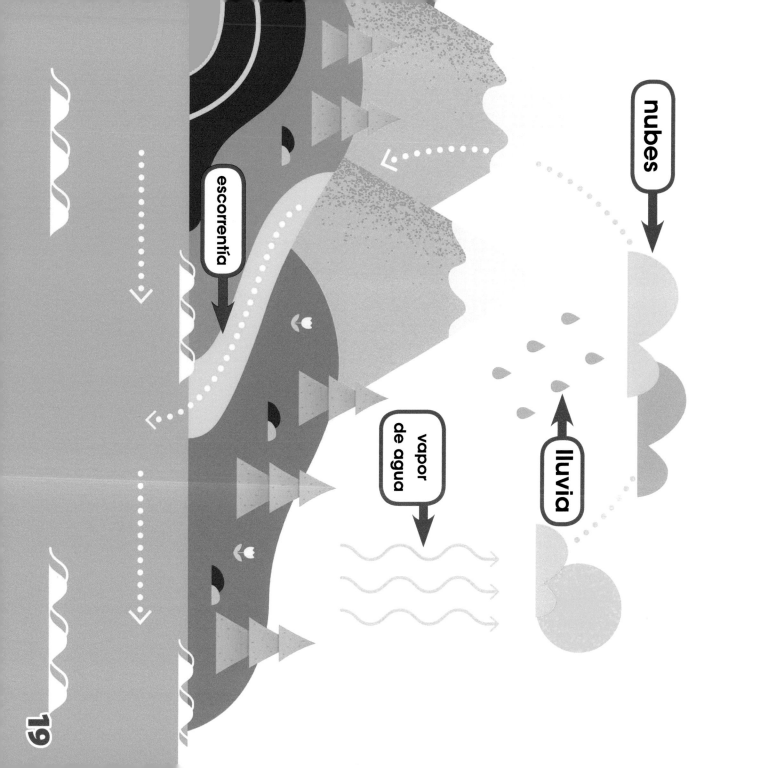

nubes

escorrentía

vapor
de agua

lluvia

# El agua en la Tierra

El agua es necesaria en toda la Tierra. Algunos lugares reciben mucha lluvia y otros muy poca. Puede llover todos los días en una selva tropical. Las selvas tropicales son muy húmedas. En los desiertos no llueve mucho. Los desiertos son muy secos.

selva tropical

desierto

# El ciclo del agua continúa

Una vez que el agua llega al suelo, esta va de los lugares altos a los bajos. A este movimiento de agua se le llama escorrentía.

El agua fluye de los arroyos a los lagos, e incluso a los océanos. ¡Allí se evapora y continúa el ciclo del agua!

# GLOSARIO

**acumular:** juntar mucha cantidad de algo.

**ciclo:** una serie de eventos, o acciones, que se repiten.

**etapa:** un paso en el crecimiento o cambio de algo.

**evaporar:** cambiar de estado líquido a gaseoso.

**precipitación:** agua que cae al suelo como lluvia, nieve u en otras formas.

**temperatura:** algo que mide lo frío o caliente que está algo.

**vapor:** materia en forma de gas o gotas de agua muy pequeñas que se mezclan con aire.

# ÍNDICE

# SITIOS DE INTERNET

Debido a la naturaleza cambiante de los enlaces de Internet, PowerKids Press ha elaborado una lista de sitios de Internet relacionados con el tema de este libro. Este sitio se actualiza de forma regular. Por favor, utiliza este enlace para acceder a la lista:
www.powerkidslinks.com/tsn/rain